Magische Pflanzen-wege

Sabine Friesch

Ritual-gebinde im Jahres- und Lebenslauf

Tagtäglich beruflich von Blumen und Pflanzen umgeben zu sein mag für viele Menschen der Traum vom Paradies sein. Um in diesem Paradies sein und bleiben zu dürfen erfordert es aber auch die tagtägliche Sorge und Arbeit. Sabine ist in diesem blumigen Umfeld aufgewachsen, wurde im Umgang damit und in der Gestaltung ausgebildet und verantwortet als Unternehmerin tagtäglich den wirtschaftlichen Umgang mit Pflanzen und Blumen der damit vielen Menschen Arbeit und Brot bringt. Diese Umfeld zwingt zur Entscheidung beim Umgang mit Pflanzen – nütze ich diese als Ware um vom Verkaufserlös zu leben oder sind sie für mich Lehrer und Helfer auf meinem Lebensweg.

Bei diesem Spagat hat sich Sabine ganz auf die Seite der Pflanzen, der gesamten Natur gestellt. Die tägliche Arbeit macht die Gärtnerei, die sie zusammen mit mir betreibt, zu einem Ort der Begegnung von Mensch und Pflanze, die Arbeit selbst zur Kultur mit Blumen und Pflanzen im Lebenslauf.

Dieses Buch zeigt Ausschnitte aus Sabines reichem Erfahrungsschatz, aus der Einstellung zum Leben und will Gleichgesinnte auffordern, angeregt durch die vielen Bilder, Geschichten und Beschreibungen, selbst aktiv zu werden. Sich und seiner Intuition vertrauen und selbst in Handlung zu gehen, nicht länger zu warten, sein Herz schlagen hören, Mut zu fassen, zu vertrauen auf das was DA ist. Aber auch hineinzuträumen. Und die Schnittpunkte im Jahreskreis und Lebensrad als Stationen auf der großen Spirale mit Bewusstheit wahrzunehmen, hinzuspüren, und sie als kraftvolle, das Leben unterstützende Momente zu nutzen.

Es ist ein sehr persönliches Buch, kein Lesebuch, kein Rezeptbuch eher schon ein Arbeitsbuch zur Begleitung und Unterstützung für Menschen, um mit der Natur verbunden ihr Leben blumiger zu gestalten.

Rainer Engler
Im August 2015

Inhalt

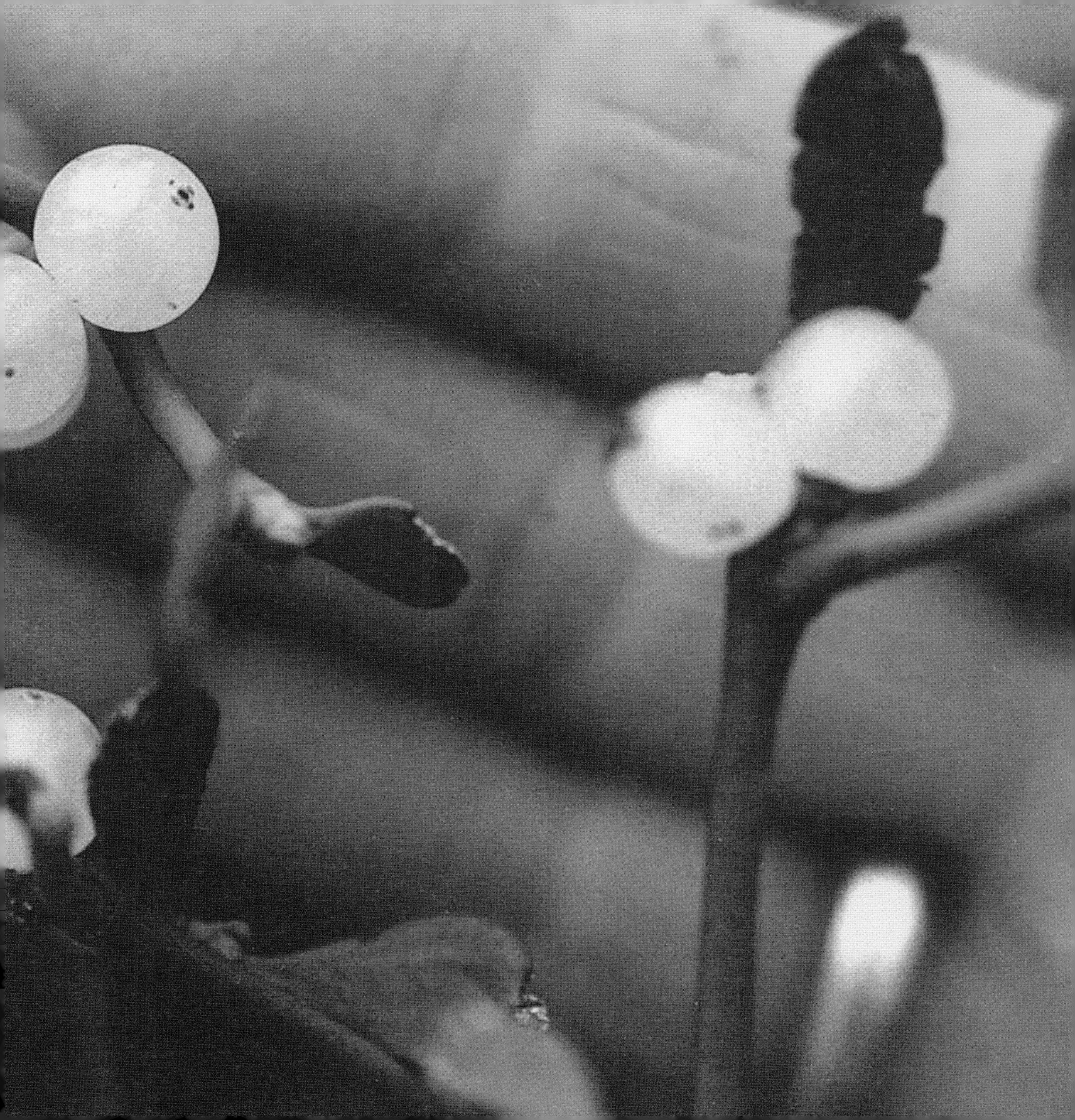

Einleitung

Ich kam als Tochter eines Gärtners am Fuße der Schwäbischen Alp zur Welt. Meine Kindheit war geprägt vom bewussten Wechsel der Natur, der wiederkehrenden Verfärbung der Laub- und Mischwälder, den Altweibersommern mit ihren nebeligen Morgenstunden und dem stillen Rhythmus der weißen Jahreszeit. Der Weinberg und die Höhlen des Albtraufes, einem Steilabfall der Schwäbischen Alp, die Quellgebiete der dort fließenden Gewässer und die Wacholderheiden waren beliebte Ausflugsziele meiner Familie. Viele Pflanzengeschichten, die mein Großvater zu erzählen wusste, sind tief in meinem Inneren verwurzelt. In jeder Jahreszeit gab es Pflanzen, die als Geschenk der Natur für uns wuchsen. Meine Großmutter sammelte, trocknete und verarbeitete sie zu Tees, Salben und Tinkturen oder band sie als Strauß oder Kranz. Sie unterstützte meine kindliche Begeisterung für alles was wuchs und gedieh, egal ob in Reihen gepflanzt oder von Wild- oder Unkräutern zugewuchert. Die sonntäglichen Ausflüge unserer Familie in die Natur waren, der Jahreszeit entsprechend, mit Picknick und Spielen gefüllt. So erinnere ich mich

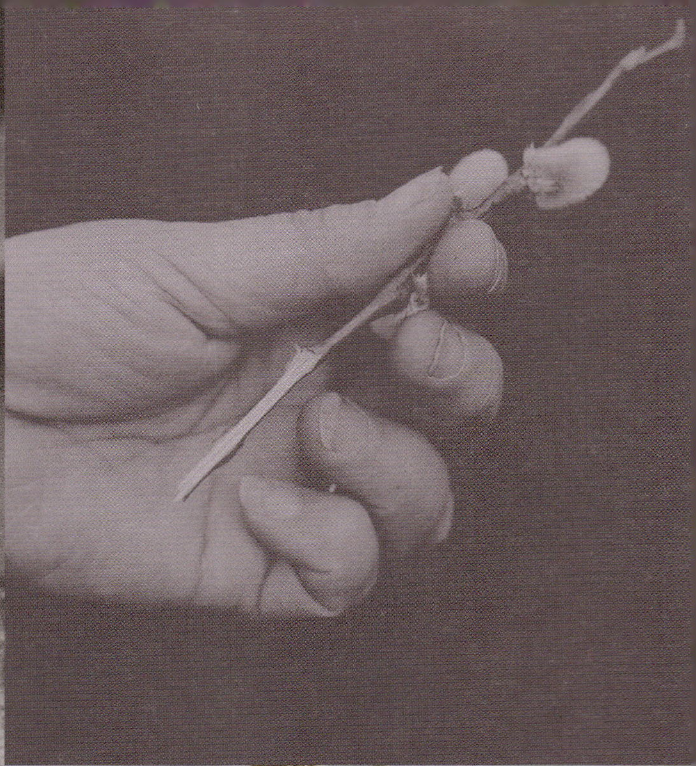

Entdeckungsreisen zu den Pflanzen in der Natur.

heute noch gut daran, wie wir gemeinsam Silberdisteln (die Pflanze steht heute unter Naturschutz!) für die Allerheiligengebinde gesammelt haben.

Mit dem Beginn meiner Lehre als Floristin entfernte ich mich von der Ganzheit des Pflanzenlebens und -erlebens, denn nun standen die Pflanzen zur Dekoration und für die Formgestaltung im Vordergrund. Ich besuchte die staatliche Fachschule für Blumenkunst in Weihenstephan, absolvierte eine pädagogische Weiterbildung und arbeitete schließlich als Lehrerin für Floristen in der Berufsschule Tübingen. Lehrjahre und Wanderjahre im In- und Ausland folgten. Währenddessen zählte auch immer die Kinder-, Jugend- und Behindertenarbeit zu meiner Lebensschule.

Ein Unfall, bei dem meine ganze Familie ums Leben kam, machte mich über Nacht zur Inhaberin und Hüterin unserer Gärtnerei. Schnell merkte ich jedoch, dass ich mich für konventionelle Arbeiten im Stil meines Vaters nicht begeistern konnte. Auch meine Großeltern lebten damals schon lange nicht mehr und mir fehlten die naturgemäße Pflege des Gartens, wie jene sie praktiziert hatten, und die Entdeckungsreisen zu den Pflanzen in der Natur.

In meiner Trauer fand ich dennoch Trost in der Arbeit und begann mein Leben neu zu gestalten.

Der Jahreskreis im Garten wurde zu meiner Therapie: Leben und wachsen lassen, blühen, vergehen und sterben – so zeigte sich mir die Natur Monat für Monat, Jahr für Jahr. Meine Wunden heilten langsam und der Boden unter meinen Füßen begann sich zu verändern. Mitten in diesem Lebensabschnitt lernte ich meinen heutigen Ehemann, Rainer, kennen. Ich nahm Abschied von der lieb gewonnenen Gärtnerei meiner Vorfahren. Gemeinsam mit Rainer, der sich zu dieser Zeit ebenfalls in einer Phase der Neuorientierung befand, schufen wir das Konzept für unseren heutigen Lebens- und Arbeitsplatz, die Blumenschule in Schongau. Sie wurde für uns Beruf und Berufung zugleich.

Damit rückte schließlich auch meine Erinnerung an die alte Handwerkskunst der Blumengebinde und das Wissen meiner Vorfahren in den Fokus. Ihnen widme ich auch dieses Buch. Die Ritualgebinde im Jahreslauf waren damals schon Teil meiner Seelen-Medizin – vielleicht, weil sie in einem feierlichen, geschützten Rahmen hergestellt werden und durch die Kraft des Rituals Heilung bringen können.

Der Jahreskreis

Im Jahreskreis gibt es acht Sonnen- und Mondfeste – jeweils im Februar, März, Mai, Juni, August, September, November und Dezember. Diese acht Feste gelten als Schnittpunkte, an denen etwas endet und etwas Neues erwacht. Bei den Pflanzen beginnt das Wachstum mit dem Keimen des Samens. Darauf folgen die Wurzeln, das Kraut, die Blüte, die Frucht, die Reife und die Samenbildung. Am Ende des Zyklus ziehen sich die Pflanzen in die Wurzeln zurück und ruhen bis zum nächsten Impuls im kommenden Frühjahr. Aus Wachstum, Erblühen und Verghehen ergeben sich die neun Jahreszeiten der Natur: der Vorfrühling, der Frühling, die Osterzeit, der Frühsommer, der Hochsommer, der Altweibersommer, der Frühherbst, der Herbst und der Winter.

Je nach Jahreszeit und Lebensthema werden zu den entsprechenden Festen verschiedene Kräuter und Pflanzen geerntet, gebunden oder zubereitet, wie z. B. die Neunkräutersuppe am Gründonnerstag oder der Hexenbesen aus frisch ausgetriebenen Frühlingsgehölzen zu Walpurgis. Oft werden in alten Brauchtumsbüchern siebenerlei kraftvolle Pflanzen für die Ritualgebinde, die Lebensrute oder den Kranz beschrieben. Die Zahl Sieben steht für den Prozess des Lebens selbst, das durch unseren individuellen Traum zum Ausdruck kommt. Aus ihm formt sich der Alltag, den wir wiederum durch Symbole erfahren können. Er ist das Erleben dessen, was wir spirituellen und sexuellen Eros nennen – nämlich der tiefe Wunsch, das Leben wach, gewahr und achtsam im Hier und Jetzt zu spüren. Das schließt den Wunsch ein, zu Lebzeiten das Bewusstsein dafür zu erlangen, ein autonomes, individuelles und freies menschliches Wesen zu werden.

Wandlungsphasen und die damit verbundenen Energiebewegungen sind Themen der Schnittpunkte im Jahreskreis. Sie werden heute noch rituell in Verbindung mit Pflanzen und Natur gebraucht und in Ritualgebinden verarbeitet. Die Gebinde werden gesegnet und dienen so dem Schutz und Heil des Menschen, seiner Umgebung oder des Arbeitsplatzes.

Der Traum vom
Paradies und
die Energiebewegung
sind Themen der
Schnittpunkte
im Jahreskreis.

Genaue Zusammensetzung und Anleitungen gab es nicht, denn meist wurde die Art und Weise der Herstellung mündlich von den Älteren an die junge Generation weitergegeben. Daher unterscheiden sich auch Form und Inhalte der Gebinde von Region zu Region, von Land zu Land. Das Feiern von Jahreskreisfesten, die Bewusstmachung von Lebensträumen sowie das Sichtbarmachen anhand von Ritualgebinden, sind eine wertvolle Unterstützung bei Veränderungen und ein Spiegel dessen, was uns umgibt.

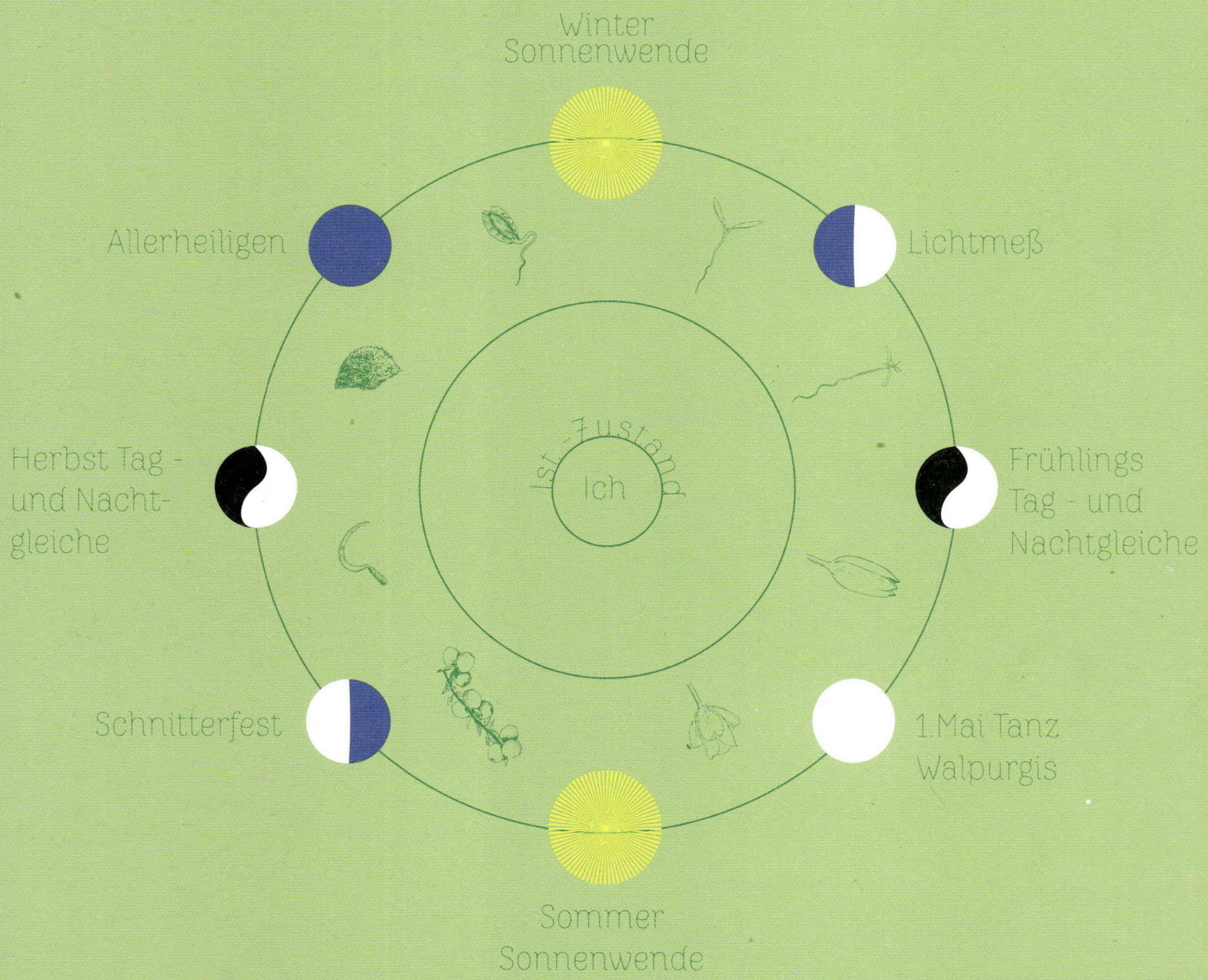
Winter Sonnenwende
Lichtmeß
Frühlings Tag - und Nachtgleiche
1.Mai Tanz Walpurgis
Sommer Sonnenwende
Schnitterfest
Herbst Tag - und Nacht-gleiche
Allerheiligen
Ist - Zustand
Ich

Das Lebensrad

Wer kennt sie nicht, die Frühjahrsmüdigkeit oder auch die Frühlingsgefühle? Redewendungen wie „Der junge Frühling", „Ach, du grüne Neune" oder „Im Herbst des Lebens" deuten auch heute noch auf die ursprüngliche Verbindung und die archaische Spiegelung mit der Natur hin. Leben in und mit der Natur heißt für mich, zu schauen was ist: beobachten und annehmen. Im vergangenen Jahr etwa war ein früher Wintereinbruch. Unsere Oma, meine Schwiegermutter, sagte voraus, dass es einen langen Winter geben würde, da die Haseln übermäßig Früchte trugen. Die Igel in unserer Gärtnerei waren bereits im September mit dem Winterlagerbau beschäftigt. Die einjährigen Sommerblumen blühten kaum, da zogen sie schon wieder ihr Herbstkleid an. Für uns Gärtner sind all das wichtige Hinweise, um rechtzeitig mit dem Winterschutz zu beginnen. Hierin liegt ein wesentlicher Unterschied vom alten zum neuen Gärtnerwissen: Das alte Wissen liest die richtige Zeit an der Pflanzenuhr ab.

Einflüsse des Universums spielen hier selbstverständlich eine Rolle, da der Garten und der Mensch nicht getrennt sind. Der Garten als kleines eigenes Paradies ist Spiegel für den Ist-Zustand derer, die ihn beleben und bewirtschaften. Jedes noch so kleine Paradies – und wenn es nur ein Balkonkasten ist – , ist Zeugnis der Sprache von Natur und Pflanzen und der Bewusstheit, mit der man mit seinem natürlichen Umfeld in Kontakt tritt.

Pflanzen gehören zu den Nährenden, den Gebenden, zu den Dienern unseres Planeten. Ihr langsames, zyklisches Wachstum und die jährliche Wiedergeburt zeigen uns das große zusammenhängende Erdwissen und die über das menschliche Leben hinaus gehenden Zeiträume auf. Mit der Aufnahme der Pflanzen als

Das Pflanzenrad ist Spiegel des eigenen Lebensrades.

Nahrungsmittel, als Heilmittel, Genussmittel oder Seelennahrung, nimmt der Informationsfluss seinen Lauf. Das Pflanzenrad spiegelt somit auch direkt das Lebensrad wider. Pflanzen und Jahreszeit werden zum Spiegel des Selbst.

Auf Frühsommer, Spätsommer und Altweibersommer folgt der Herbst. Das Abschiednehmen rückt näher. Die Blätter fallen und werden mit dem Verrottungsprozess des Winters ins große Unterbewusstsein der Erdmutter aufgenommen. Der Pflanzensaft, der bis zu diesem Zeitpunkt die Schönheit und äußere Buntheit genährt hat, zieht sich in seine Wurzeln zurück. Die nährenden Kräfte verabschieden sich. Die mehrjährigen Pflanzen sterben dann einen kleinen Tod mitten im Leben. Als Wurzelwerk oder Samen verbinden sie sich mit ihren Ahnen im geschützten Reich der Mutter Erde oder in der Samenkapsel.

Nach der Herbst-Tagundnachtgleiche und dem Erntedankfest sind in der Natur alle Samen gefallen oder von Menschenhand gesammelt und für winterliche Nahrung aufbewahrt worden. In jedem Samen, der sich uns auch als Frucht oder in Form von Körnern zeigt, ist anfangs nur die Idee vom neuen Leben enthalten; die Idee von Stängel, Blatt, Blüte und Frucht.

Das heißt ein neues Mitglied der Pflanzenfamilie liegt auf oder in der Erde und erträumt sein neues Leben. Im Garten und in der Natur geht das gewachsene Kraut in den Kompostierprozess über und transformiert die vergangene Wachstumszeit. Mit diesem archaischen Bild können auch wir Menschen in die dunkle Jahreszeit gehen – bis zur erneuten Geburt des Lichts.

Die Festtage Allerheiligen und Allerseelen sind der Anfang und das Ende des Jahresrades. Jetzt zieren Immergrünes, Moose, Flechten und ewige Lichter die Gedenkstätten unserer Ahnen. Nebelschwaden, graue Novembertage und Geisterspiele der Kinder zeigen uns die Vergeistigung der Jahreszeit und auch unserer Lebenszeit an. Barbarazweige und Nikolausruten aus Licht bringenden Zweigen erwecken den Zauber dieser Zeit der Innenschau und Reflektion. Adventskränze, Mistelzweige und Weihnachtsbäume schmücken unsere Räume zum Jahresende und verströmen in frischem Zustand ihren feinen harzigen Waldgeruch, bis sie – langsam trocknend – dem Desinfizieren der Lebens- und Sterberäume dienen, im Wintersonnwendfeuer oder auf der Räucherkohle in der Rauhnachtszeit verbrannt und verräuchert werden.

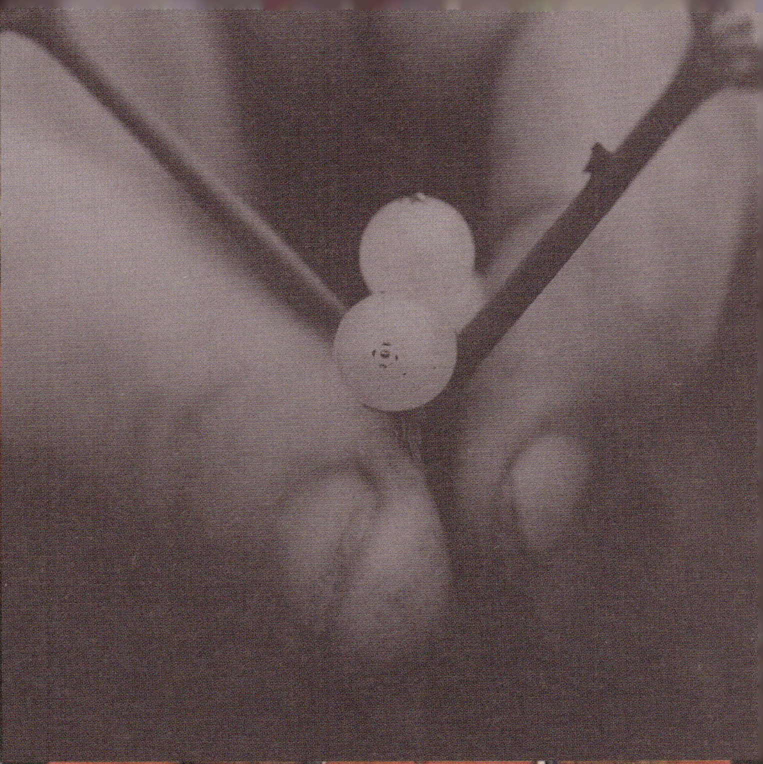

Pflanzen-kraft im Dienst der Menschen

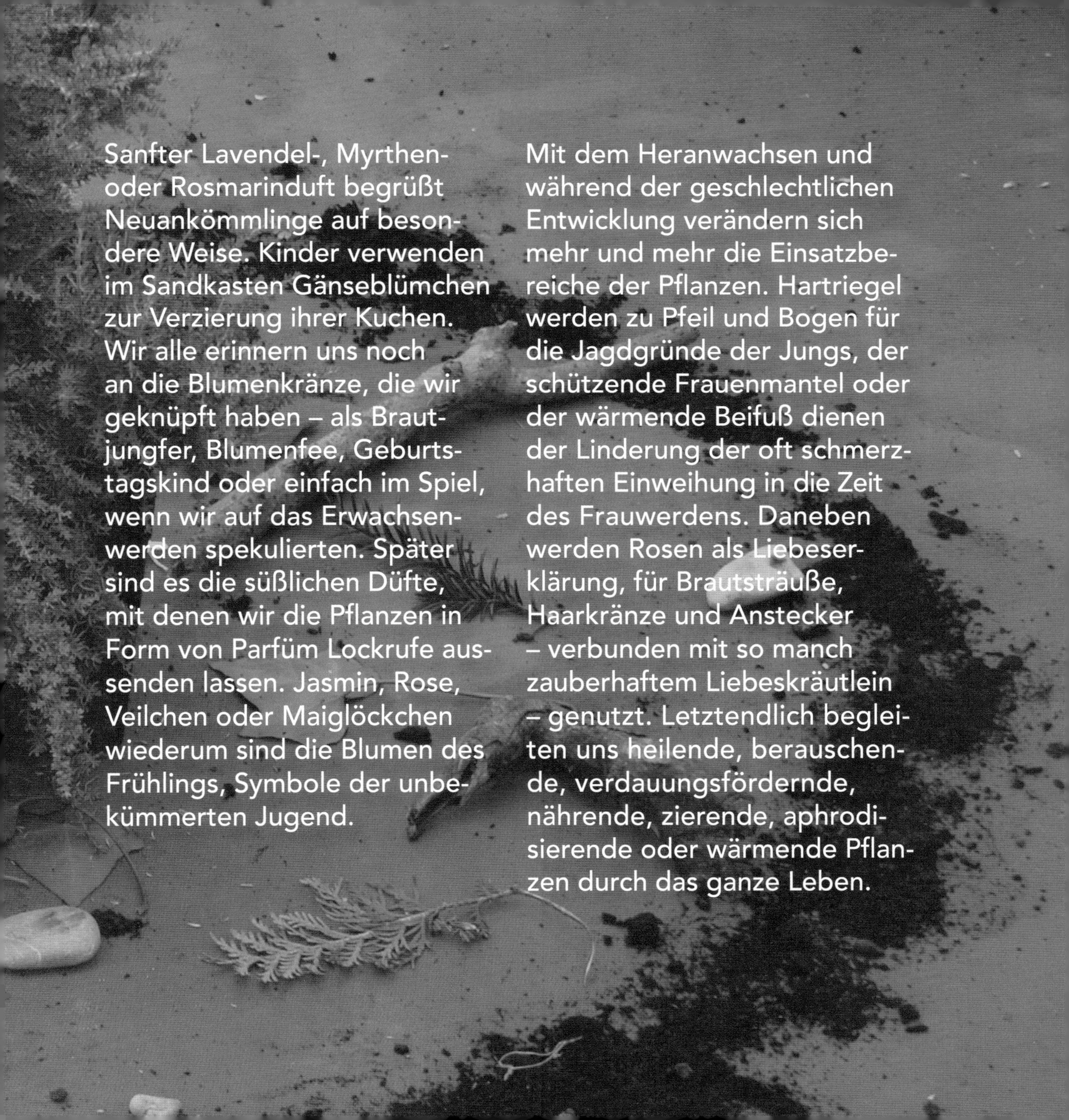

Sanfter Lavendel-, Myrthen- oder Rosmarinduft begrüßt Neuankömmlinge auf besondere Weise. Kinder verwenden im Sandkasten Gänseblümchen zur Verzierung ihrer Kuchen. Wir alle erinnern uns noch an die Blumenkränze, die wir geknüpft haben – als Brautjungfer, Blumenfee, Geburtstagskind oder einfach im Spiel, wenn wir auf das Erwachsenwerden spekulierten. Später sind es die süßlichen Düfte, mit denen wir die Pflanzen in Form von Parfüm Lockrufe aussenden lassen. Jasmin, Rose, Veilchen oder Maiglöckchen wiederum sind die Blumen des Frühlings, Symbole der unbekümmerten Jugend.

Mit dem Heranwachsen und während der geschlechtlichen Entwicklung verändern sich mehr und mehr die Einsatzbereiche der Pflanzen. Hartriegel werden zu Pfeil und Bogen für die Jagdgründe der Jungs, der schützende Frauenmantel oder der wärmende Beifuß dienen der Linderung der oft schmerzhaften Einweihung in die Zeit des Frauwerdens. Daneben werden Rosen als Liebeserklärung, für Brautsträuße, Haarkränze und Anstecker – verbunden mit so manch zauberhaftem Liebeskräutlein – genutzt. Letztendlich begleiten uns heilende, berauschende, verdauungsfördernde, nährende, zierende, aphrodisierende oder wärmende Pflanzen durch das ganze Leben.

Rituale und Feste

Jahreskreisfeste wie Weihnachten, Ostern, Walpurgis, Allerheiligen etc. sind bekannte Anlässe, um gemeinsam mit Familie und Freunden zu feiern. Meist werden diese Feste im kleinen Kreis nach einem genauen Ablauf begangen, wobei einzelne Familienmitglieder bestimmte Aufgaben übernehmen, wie etwa das Verstecken der Ostereier oder das Schmücken des Weihnachtsbaums. Auch die Auswahl des Festessens ist in vielen Familien festgelegt und wird jedes Jahr entsprechend wiederholt. Obwohl in der heutigen Zeit viele Menschen nicht mehr im Kreis der Familie feiern können oder wollen, werden doch symbolhafte Gegenstände wie ein Adventskranz oder ein Ostergesteck gekauft, weil diese Gebinde an das Netzwerk Familie erinnern.

Das Wissen um die Geschichte und die alten Bräuche von Weihnachtsbaum, Nikolausrute oder Adventkranz sind zwar weitgehend verloren gegangen, trotzdem scheinen wir uns gerade in dieser Zeit am liebsten an Kindheitserlebnisse zu erinnern: Traditionell oder modern geschmückte Weihnachtsbäume stehen in Studentenzimmer oder Singlewohnungen ebenso wie in den Glaspalästen von Versicherungen und Banken. Der tiefe Wunsch nach Familie, Zusammengehörigkeit, Festlichkeit, Menschlichkeit und Liebe kommt durch diese Symbolik deutlich zum Ausdruck.

Rituale und Feste im Jahreslauf sind bewusste Handlungen zu Ehren unserer Herkunft und unserer Familien. Fest verankert und immer wiederkehrend schaffen sie ein Bewusstsein für das, was im eigenen Leben gerade jetzt wichtig ist. Mit der Gestaltung des Rituals wird daher ein Raum kreiert, der all das anzeigt: Das Besondere dieser Zeit und das Heilende daran bleiben im Alltagsgeschehen oft verschlossen. Alles, was bei einem Ritual geschieht, das zu einer bestimmten Zeit und an einem bestimmten Ort durchgeführt wird, ist auf Achtsamkeit und Bewusstheit aufgebaut und wird zum Spiegel des eigenen Lebens. Regelmäßige Rituale können sowohl im Alltag (z. B. beim Kochen, Essen, bei der Gartenarbeit, am Arbeitsplatz) als auch im spirituellen Bereich zur

Bewusstmachung spezieller Zustände vorgenommen werden. Ein Ritual ist somit eine bestimmte Handlung, die eng mit der Kultur und der Familie verknüpft ist, aus der wir kommen. Es ist ein Ankerpunkt, der zu einem bestimmten Anlass sichtbar gemacht wird.

ein Ritual ist immer
geprägt von einer
bestimmten Absicht,
einer bestimmten Zeit
und einem bestimmten Ort.

verschiedene
kunstvolle Formen
sind überlieferte,
magische Symbole,
die die Wirkung
der Gebinde
verstärken sollen.

Das Ritualgebinde

Ein Ritualgebinde kann ein Kranz, ein Buschen, ein Strauß oder ein Stabgebinde sein. Entsprechend der jeweiligen Jahreszeit und dem Anlass werden Blumen, Kräuter oder Gehölze zusammengebunden oder gesteckt. Die verschiedenen kunstvollen Formen sind überlieferte, magische Symbole, welche die Wirkung der Gebinde verstärken sollen. Der Kranz ohne Anfang und Ende beispielsweise, ist ein Zeichen für die Unendlichkeit. Verschiedene Abwandlungen, wie der strahlenförmig gebundene Ährenkranz, symbolisieren das Sonnenrad in vollendeter Form. Der Palmbuschen und der Maibaum, oft auch der Kräuterbuschen, werden in phallusähnlicher Form zum Stabgebinde verarbeitet und zeigen entsprechend der Jahreszeit die Fruchtbarkeit an. Gebinde in Stern-, Mond- oder Sonnenform stellen die Verbindung zum Universum und die damit verbundenen Zyklen wie Tag und Nacht, Sommer und Winter etc. dar. Kugelgebinde sind der Form von Früchten mit deren innewohnenden Samen nachempfunden und symbolisieren deshalb ebenfalls die Fruchtbarkeit. Gewundene und geschwungene Girlanden stehen für die Schlange oder den Lebensfaden, ebenso wie als Zeichen für paradiesische Lust.

Entsprechend unseres kulturellen Umfeldes haben auch die Farben der Ritualgebinde eine Bedeutung. So steht die Farbe Rot für das Leben selbst und das Blut als Lebenssaft. Himmelblau deutet auf den klar strukturierten Nachthimmel hin und wird mit dem konstruktiven, naturwissenschaftlichen Denken in Verbindung gebracht. Weiß als neutrale „Nichtfarbe" symbolisiert das Jungfräuliche, das Unbefleckte, das Kindliche oder die „alte Weise", die Weisheit, die im unschuldigen Weiß liegt.

Oft werden sogenannte „Gebildebrote" als Schmuck an den Gebinden befestigt oder aufgehängt. Diese Brote stehen für die gesegnete Nahrung von Leib und Seele und werden in magischen Formen gebacken. Auch aus gefärbten Fäden geflochtene Zöpfe zieren die Ritualgebinde. Sie symbolisieren die alten und neuen Zöpfe, die man ewig flechten oder aber abschneiden kann. Überhaupt findet sich das Motiv des

Zopfes in vielen Überlieferungen wieder. Zu Ketten und Bändern aufgefädelte Perlen und Beeren haben einen engen Bezug zur Zahlenmythologie. Im Rosenkranz werden sie zur Unterstützung beim Gebet benützt, um nicht durch das Zählen abgelenkt zu werden. Auch Mantras werden auf diese Weise gesprochen und gesungen.

Zu Ketten und Bändern aufgefädelte Perlen und Beeren haben einen engen Bezug zur Zahlenmythologie.

Mache deine Beobachtungen und spüre nach, wie sich Ritualgebinde bei Voll- bzw. Neumond auf dich auswirken.

Wie fühlt sich das Sammeln und Binden bei Sonnenaufgang an, wie bei Sonnenuntergang? Das eigene Erleben und Erfühlen hat dabei einen wichtigen Platz.

Nach dem Ankommen im „heiligen Raum“ kannst du die Pflanzenwelt allgemein ansprechen, damit speziell die Pflanzenwesen dir begegnen, die für deine erklärte Absicht unterstützend wirken. Gehe dann los und lasse dich von deiner Intuition leiten. Bald wirst du den Unterschied im Wahrnehmen der verschiedenen Pflanzen spüren. Duft, Form, Farbe und Ausstrahlung jeder Pflanze ist einmalig und für dich spürbar.

Viele Pflanzen verströmen ihren Duft erst beim Berühren oder entfalten ihn zu einer bestimmten Tageszeit. Andere Pflanzen haften sich beim Vorbeigehen an, sie haben kleine Halter an den Blattenden. Viele ihrer Ausprägungen, wie Dornen, Haken, Härchen oder bestimmte starke Düfte, sind zum Schutz vor Tierfraß, vor Verdunstung oder zur Fortpflanzung und Nahrungsaufnahme bestimmt.

Wenn du dich von einer Pflanze gerufen fühlst, halte inne und sprich deine Absicht laut oder leise aus und bitte darum, einen Teil der Pflanze pflücken zu dürfen. Sollte die Pflanze dir nichts geben wollen, wird sie es dich spüren lassen. Wenn du das Einverständnis hast, breche den Teil der Pflanze, der für das Ritualgebinde bestimmt ist mit den Fingern ab. Beim Ernten tauchst du unweigerlich in die Welt der Düfte ein. Anders als beim Abschneiden ist das Abbrechen auch in anderer Hinsicht ein besonderes Erleben und Erfahren: Du spürst dabei die Beschaffenheit der Haut oder Rinde, die Fasern, die Weichheit oder Härte. Hat ein Stiel lange Fasern, bricht der Stiel nicht so leicht. Man kann dann auch die Zähne zum Abbeißen benützen. Solltest du dieses Hilfsmittel brauchen, wirst du viel über die Wertschätzung und deine Haltung der Pflanze gegenüber erfahren, denn auch der Geschmack der Pflanze wird zum Eindruck.

Öffne dich für deine Reise in die Pflanzenwelt. So wie du um einen Pflanzenteil gebeten hast, bedanke dich nach dem Ernten für das Geschenk. Ein Haar, Speichel, Urin oder Tränen sind wertvolle und persönliche Gaben und Geschenke für das, was du bekommen hast – Gesten des Gebens und Nehmens. Körpersäfte sind Dünger und Nahrung für das Pflanzenwachstum. Traue dich und reihe dich ein in den Kreislauf der Natur. Achte beim Ernten stets auf die Fülle des Vorkommens deiner auserwählten Pflazengattung und sei dir bewusst, dass das Verbleiben der kräftigen und schönen Pflanzen oder Fruchtgestalten am Ort für zukünftige Ernten sorgt. Gedichte, Lieder und Herzensmelodien machen das Sammeln zu einem Erleben mit allen Sinnen. Wenn es die Jahreszeit erlaubt, gehe barfuss, um die Verbindung mit der Erde zu spüren. Die ganze Fülle in deinem Arm oder Korb ergibt ein Bild, das du für immer verinnerlichen kannst. Als Bindematerial hast du Schnur und Faden dabei. Bleib in der Stille und binde dein Gebinde an einem ruhigen Ort oder in der Gemeinschaft mit anderen. Wenn du in Gemeinschaft bindest und die Gebinde in ihrer Vielfalt und Schönheit anschließend betrachtest, wird die Schöpferkraft, die in uns allen steckt, sichtbar.

Wenn in deinem Gebinde Pflanzen sind, die du nicht kennst, so informiere dich darüber oder tausche dich mit anderen aus der Gemeinschaft darüber aus. Am Ende können verbliebene Einzelteile des Ritualgebindes auch als Tee, in Salben, Bädern, für Räucherungen, Tinkturen oder Speisen genutzt werden.

Die Ritualgestaltung

Für bewusste Handlungen braucht es eine bestimmte Zeit und einen stimmigen Ort. Diesen Ort, an dem das Ritual stattfindet, nennt man auch einen „heiligen Raum". Heilige Räume oder Plätze können überall sein und werden dadurch geschaffen, dass man die Absicht des Rituals klar und eindeutig formuliert. Der Satz kann z.B. lauten: „Ich (dann nennt man seinen Namen) werde am kommenden Samstag bei Sonnenaufgang die Kräuter und Pflanzen für den Kräuterbuschen suchen und pflücken." Durch die Achtung und Wertschätzung des eigenen Tuns wird die Wirksamkeit der Pflanzen verstärkt.

Das Gestalten des Rituals, das Sammeln und Binden, das man alleine oder mit Freunden zusammen machen kann, wird bis zum höchsten Sonnenstand, also um die Mittagszeit, beendet. Je klarer die Absicht ist, desto deutlicher kann man Zeichen und Antworten der Natur erkennen.

Zum Ankommen in Raum und Zeit und zur Neutralisierung des Ortes für das Ritual, ist das Räuchern mit reinigenden und schützenden Kräutern angebracht. Ebenso werden unterstützende Energien der Himmelsrichtungen und Elemente oder Kräfte und Qualitäten aus der Tier- und Mineralwelt eingeladen.

Die Achtung und Wertschätzung des eigenen Tuns verstärkt die Wirksamkeit der Pflanzen.

Alte Buschen und Ritualgebinde werden später im Ritualfeuer verbrannt. Durch das Feuer transformiert sich die Energie der eingebundenen Anliegen.
Was bleibt ist die Botschaft. Die Asche im Kompost nährt neue Wachstumsprozesse und bleibt in der materiellen Substanz. Sie hilft beispielsweise auch bei offenen Wunden, Schürfungen, Ausschlägen oder kleineren Verletzungen. Umschläge oder das Einrühren in eine Salbe machen die Verwendung leicht. Kleine Mengen (eine Priese) der Ritualasche können das Festmahl nach getaner Arbeit segnen. Nach Beendigung des Rituals wird gemeinsam gegessen und gefeiert.

Licht und Schatten
Form und Farbe

Sind erste, wirksame Impulse im Zwiegespräch und in der Begegnung mit der Pflanze und Natur.

Im Jahreslauf der Pflanzenfarben sind die Grundfarben Blau, Gelb und Rot in unterschiedlicher Klarheit sichtbar. Im Zusammenspiel mit dem Gang der Sonne und dem dadurch bedingten Wechsel des Lichts und den Wärmeverhältnissen trüben Farben ein oder gewinnen so an Leuchtkraft. Bestehende Begrifflichkeiten wie Maiengrün, Sonnengelb, Tannengrün, Blutrot, Nachtblau, haben so Einfluss auf unser Dasein.

Grün symbolisiert Lebenskraft und ist tief in uns verankert, Lila, wie die Früchte des Herbstes, zeigen das Ende eines Zyklus an und versinnbildlichen so die Reife der Zeit – Jahr für Jahr. Farben sind der Ausdruck von Jahres- und Lebenszeiten, gehen mit uns in Resonanz und bewirken so Keimen, Wachstum, Erblühen, Reifen und Vergehen in jedem Einzelnen ganz individuell und unterschiedlich in jedem Jahr.

Pflanzen-kraft

Traditionell wird ein Ritualgebinde als Kranz oder Gesteck zu Ehren der Ahnen und verstorbenen Verwandten auf die Gräber gelegt. Der Friedhof dient dabei nicht nur als Ruhestätte der verstorbenen Seelen, sondern auch als Platz, wo Trauer und Abschiedsschmerz Raum finden. Übergeordnet kann die Trauer aber auch aufgrund von Verlust des Arbeitsplatzes oder zerbrochener Freundschaften in dieser Zeit besondere Aufmerksamkeit bekommen. Das Ritualgebinde findet dann seinen Einsatzbereich am Hausaltar, an einem geliebten Platz in der Natur oder man übergibt das Gebinde einem nahe gelegenen Fluss.

Im Bewusstsein, dass die Vergangenheit in uns zur Zukunft wird, ehren wir die Menschen. Mit Unterstützung der immergrünen Pflanzen, die den Widrigkeiten des Winters trotzen und sich immer im grünen Mantel zeigen, gehen auch wir durch die Nebelwand der dunklen Jahreszeit gedanklich in das kommende Jahr. Mit dem eigenen Suchen und dem sich von einem Pflanzengeist rufen lassen, verbinden wir uns mit den in uns ruhenden Samen für neues Leben. Nichts ist wirklich greifbar oder sichtbar. So können wir Altes hinter uns lassen und es aussortieren. Oft ist dieser Zeitabschnitt mit Trauer und Schmerz verbunden. Mit dem Blick in die Zukunft jedoch verblasst das Geschehene. Die gesammelten Pflanzen stehen für Vergangenheit, den Tod, das Sterben ebenso wie für den Lebenstraum, der vor uns liegt, die Vision. Der unter Mitwirken dieser Gedanken gebundene Kranz oder das Gebinde sind sichtbarer Ausdruck dessen, was ist und sein wird.

Besondere Büsche und Bäume

Eibe als Baum des Todes und der Ewigkeit, Kiefer bringt alte Schmerzen zum Fließen, der Wacholder als Hüter der Schwelle, die Tanne überwintert die Vegetationskraft, die Fichte mit süßlich duftendem Harz macht nachdenklich und melancholisch. Die Thuja reinigt und stabilisiert Spannungsfelder, der Buchs, wirkt ausgleichend, Efeu ist die Verbindung zu den Spannungsfeldern, Immergrün wirkt stimmungsaufhellend, Ilex hält Böses fern, die Rose (Hagebutte) steht für die Schönheit und Liebe und die Hauswurz fördert die Heilung von Wunden.

Bei der Wahl des Ahnengrüns für ein Gebinde werden bevorzugt heimische Gehölze verwendet, ebenso können Pflanzen aus dem Garten dazu benutzt werden. Persönliche Symbolgegenstände, Wachsrosen, Kreuze, Schleifen o.ä. schmücken den Kranz oder das Gebinde und schaffen eine Verbindung zur Vergangenheit und Zukunft.

Kompost Zeit

Die Idee ruht in sich, Neue Ideen werden erträumt, das Fenster der Ewigkeit öffnet sich

Die Vorweihnachtszeit

Mit Gedanken des Sterbens und an den Tod geht das Jahr zu Ende. Für Pflanzen bedeutet es, dass eine Wachstums- und Lebensphase abgeschlossen ist. Was weiterlebt ist die Pflanzenseele. In der Ungewissheit über Umfang und Lebensdauer, ist die Zukunft vage. Manche Samenkörner sind zudem Nahrung für andere Lebewesen. Diese Ungewissheit entspricht dem Charakter der Vorweihnachtszeit, der Zeit des Erwartens. Die dunkelsten Tage im Jahr werden bei den Menschen von Stimmungsschwankungen begleitet. In ihnen spiegelt sich die Natur, das Wetter mit Regen, Sturm, Nebel und Kälte. Wir Menschen haben dafür aus unserer Tradition heraus Symbole und Figuren geschaffen, die das Hauptthema dieser Jahreszeit, die Polarität und Gegensätzlichkeit, sichtbar machen. Licht und Schatten, Gut und Böse zeigen sich in der heiligen Barbara und der „schiachen Bärbel" zum Barbaratag am 4. Dezember und am 6. Dezember im Heiligen Sankt Nikolaus und im Knecht Ruprecht.

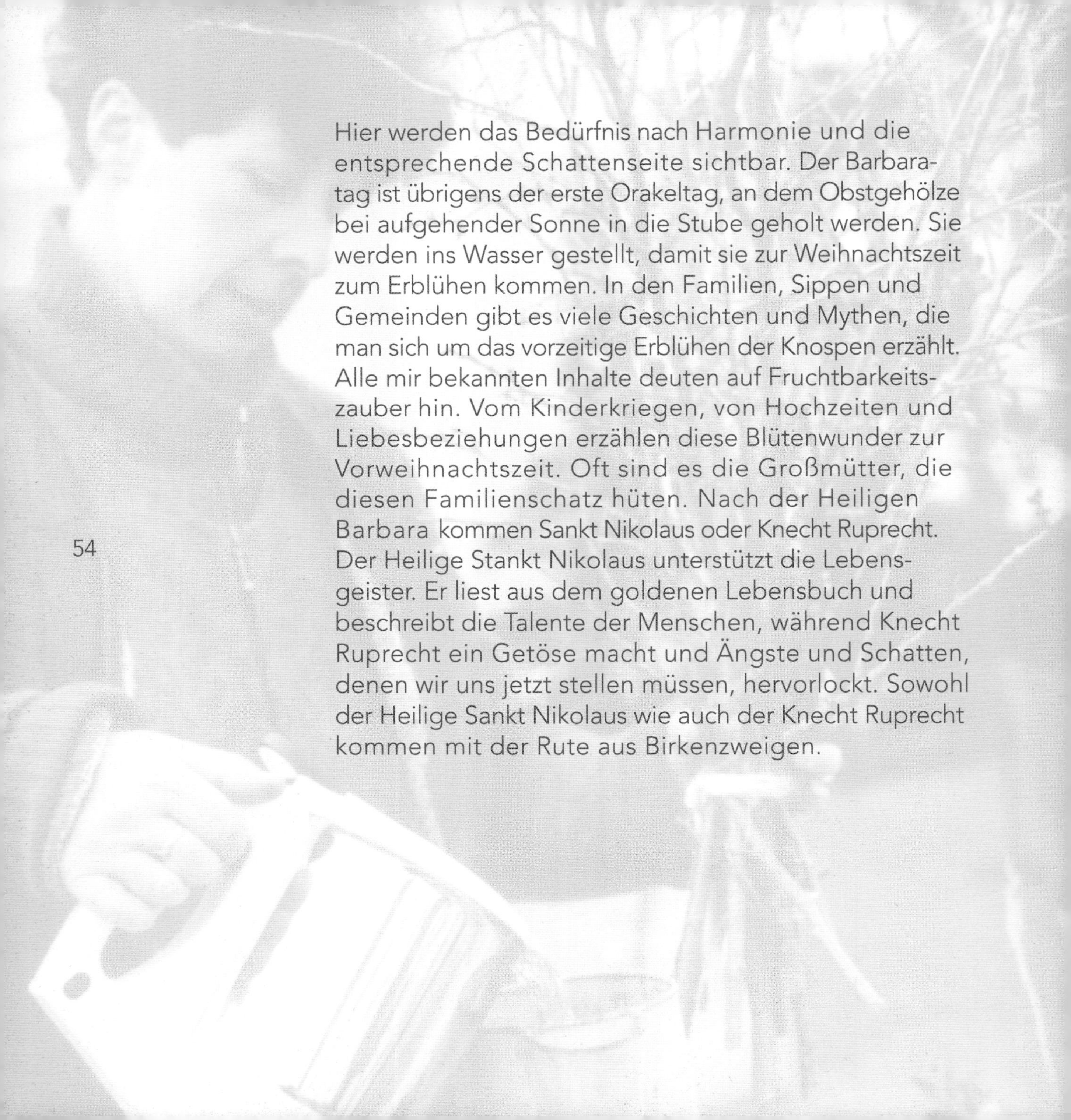

Hier werden das Bedürfnis nach Harmonie und die entsprechende Schattenseite sichtbar. Der Barbaratag ist übrigens der erste Orakeltag, an dem Obstgehölze bei aufgehender Sonne in die Stube geholt werden. Sie werden ins Wasser gestellt, damit sie zur Weihnachtszeit zum Erblühen kommen. In den Familien, Sippen und Gemeinden gibt es viele Geschichten und Mythen, die man sich um das vorzeitige Erblühen der Knospen erzählt. Alle mir bekannten Inhalte deuten auf Fruchtbarkeitszauber hin. Vom Kinderkriegen, von Hochzeiten und Liebesbeziehungen erzählen diese Blütenwunder zur Vorweihnachtszeit. Oft sind es die Großmütter, die diesen Familienschatz hüten. Nach der Heiligen Barbara kommen Sankt Nikolaus oder Knecht Ruprecht. Der Heilige Stankt Nikolaus unterstützt die Lebensgeister. Er liest aus dem goldenen Lebensbuch und beschreibt die Talente der Menschen, während Knecht Ruprecht ein Getöse macht und Ängste und Schatten, denen wir uns jetzt stellen müssen, hervorlockt. Sowohl der Heilige Sankt Nikolaus wie auch der Knecht Ruprecht kommen mit der Rute aus Birkenzweigen.

Obstgehölze
werden bei
aufgehender Sonne
in die Stube geholt
und kommen
im Wasser
zum Erblühen

Die Birke ist der Licht-bringer schlechthin.

Mit dem Erscheinen der grünen, jungen Blätter um die erste Mainacht zieht sich fruchtbares Grün über das Land. Bereits ab März/April steht sie im Saft und oft tropft es, wenn man in dieser Zeit unter einem Birkenbaum liegt. Die Birke hat flache Wurzeln, sehr biegsame Zweige und ein weiches Holz. Sie wächst auf feuchtem Grund. Das junge Gezweig ist schwarz und die alte Rinde schält sich weiß. Bereits hier wird die Signatur von Licht und Schatten deutlich.

Knecht Ruprecht weckt mit seinen Birkenruten die Ängste und bringt sie ans Licht, damit sie sich – wie die weiße Rinde – ablösen können. Das verdeutlicht innere Wachstumsprozesse. Sankt Nikolaus hingegen streichelt uns mit dem Birkenzweig, lobt und segnet mit dem saftigen Lebensgrün. Wenn man die Nikolausrute selbst fertigen will, werden die Birkenzweige mit wohlwollenden Gedanken für die Licht- und Schattenseiten des Lebens geschnitten und gebunden. Wenn wir uns mit diesem Bündel gegenseitig abstreifen, wecken wir damit die dunklen und die hellen Lebensgeister in uns.

Die Adventszeit

Der Advent ist die Zeit des Wartens und Erwartens. Es ist die Zeit des Wartens auf die Geburt des Lichts zur Wintersonnwende bzw. die Geburt Christi an Weihnachten. Der Kranz ist Symbol für den immer wiederkehrenden Kreislauf des Lebens und Sterbens. Die dunkelste Jahreszeit ist auch die Zeit des Innehaltens und die Zeit der kleinen Tode, die mitten im Leben immer wieder gestorben werden müssen. Diese kleinen Tode sind sinnbildlich verbunden mit dem Abschied nehmen von vertrauten Gewohnheiten und Alltäglichkeiten, die in die kommende, Neues gebärende Zeit nicht mehr hineinpassen. In der Sprache unserer Tage bezeichnen wir so eine „Visionssuche". Die moderne Visionssuche hat allerdings an Regelmäßigkeit verloren. Sie ist entwurzelt von unserem heimischen Ritualwissen.

Unabhängig von Raum und Zeit ziehen sich die Menschen in dieser Jahreszeit in einen dafür kreierten Rahmen zurück und warten auf die „Geburt ihres neuen Lichts".

In den immergrünen Zweigen des Adventskranzes überwintern die Kräfte der Natur. Im würdigen Gedenken an Vergangenes binden wir daraus einen Kranz, der ohne Anfang und Ende das immer wiederkehrende Leben und Sterben spiegelt. Die vier oder 24 Kerzen sind gedankliche Ankerpunkte für die vier Jahreszeiten bzw. 12 Mal zwei Mondphasen des zu- und abnehmenden Mondes. Symbolträger wie Apfel, Nuss und Mandelkern schmücken einerseits das vereinende Ritualgebinde, erinnern andererseits auch an die Frucht mit ihren Samen und die damit verbundene Wiedergeburt neuen Lebens. Symbole wie Sonne, Mond und Sterne sind eine Verbindung zum Universum. Weihnachtlicher Schmuck, wie der Fliegenpilz, symbolisiert die Visionskraft dieser Zeit. Bunte Vögel sowie Symbole der Luft und der Winde stehen für die Bewegung der Energie, die Buntheit und unsere Sehnsucht nach dem Paradies.

Der Kranz ist Symbol für den immer wiederkehrenden Kreislauf des Lebens und Sterbens.

Samen Zeit

Die Idee –
Nahrung & Dankbarkeit

Wintersonnwend, Christmette, Julfest

Die Traumzeit des Samenkorns ist vorbei, wenn das Licht zur Wintersonnwende geboren ist. Dann bricht die Samenhülle und das Erträumte, die Lebensidee, wächst neuem Leben entgegen. Die Schale des Samenkorns öffnet sich zuerst nach unten. Mit feinen, zarten Wurzelsprossen verankert es sich im Erdreich. Dieser Vorgang bringt Halt für die spätere Größe und sorgt für die Möglichkeit der Aufnahme von Nahrung und Wasser – essenzielle Voraussetzung für Wachstum und Erblühen.

Einem alten Brauch zufolge, wird an Weihnachten oder zur Wintersonnwende bzw. zum Julfest ein großer Holzscheit, im Herdfeuer oder ein großes Feuer im Freien entzündet. Dieser Brauch ist über germanische, romanische, baltische und slawische Länder gleichermaßen verbreitet.

Das spricht für eine gewachsene Tradition der Verehrung und eine Zurückführung in vorchristliche Zeit, wo das Element Feuer für Nahrung, Wärme und Transformation essentiell wichtig war.

Es gibt viele abweichende Anwendungen dieser Holzverehrung und der Rituale rund um das Verbrennen. Alle bewussten Handlungen um die Holz- und Baumrituale sind jedoch Ausdruck der Verehrung und des tiefen Glaubens daran, dass mit Ritualen zur „Wiedergeburt des Lichts" Naturkraft, Schutz und Segen verbunden sind. Naturkraft heißt seit jeher, dass sich das Wachstumsjahr dreht. Schutz und Segen sind mit Fruchtbarkeit auf allen Ebenen verbunden.

Naturkraft heißt seit jeher, dass sich das Wachstumsjahr dreht.

Der Julklotz

Nach altem Brauch wurde ein großer, geschmückter Holzscheit von einem Liebenden in den früher meist offenstehenden Hausflur der Angebeteten geworfen. Der Liebende wollte dabei unentdeckt bleiben, aber auch auf sich aufmerksam machen. Wurde die Liebesenergie erwidert, stand dem Liebesfeuer nichts mehr im Wege.

Neunerlei Holz

Ein weiterer Brauch um den Holzscheit besteht darin, neunerlei verschiedene Hölzer zum Bündel zu binden. Es wird aus drei Fruchtgehölzen, drei Nadelgehölzen und drei immergrünen Gehölzen gebildet. Die Rezeptur ist sehr unterschiedlich, da es nur mündlich überlieferte Anleitungen für diesen Brauch gibt. Wer um die Wirkung von Hölzern weiß, kann eine eigene Rezeptur zu bestimmten Themen zusammenstellen. Beim rituellen Verbrennen wird diese Lebenskraft aktiviert, indem sie laut und deutlich an- und ausgesprochen bzw. gerufen wird.

Wer über die neun Einzelhölzer in ihrer individuellen Wirkung nichts weiß, kann das Ritual auch auf alte Zahlensprüche zurückführen: „Drei mal drei ist Neune" oder „aller guten Dinge sind drei" etc. um die Magie zu verstärken. Drei Hölzer nach eigener Wahl werden mit Dank für die Vergangenheit, drei Hölzer mit Würdigung und Anerkennung dessen was ist und drei Hölzer mit Bitten für die Zukunft besprochen. Meine Freundin, Marlis Bader, hat zu verschiedenen Themen die Neunerlei Hölzer als Bündel zusammengestellt: Es sind die Segnungs-, die Orakel- und die Weihnachtshölzer.

Orakel-Licht oder Feuerschiffe

Orakel-Licht- oder Feuerschiffe sind in vielen Kulturen verbreitet. Dahinter steht die Idee, eigene Wünsche, Träume und Absichten klar zu formulieren und diese in den Fluss des Lebens zu geben. Durch die persönliche Weihung wird die Wirkung vervielfacht, so dass sich die Idee verwirklichen kann. Ein Licht- oder Orakelschiff kann aus Holz, Rinde, Wachspapier, Pappe oder einer Fruchtschale bestehen. Es wird mit heilkräftigen Kräutern geschmückt und mit persönlichen Dingen verziert. In der Mitte kann ein Teelicht oder eine Kerze stehen, die jedoch einen guten Windschutz aus Pergamentpapier braucht, damit sie nicht gleich ausgeht. Ein kleiner Zettel oder Brief mit Wünschen und Anliegen kann ebenfalls darauf gesteckt werden. Um den Wünschen Kraft zu geben, wird das Orakel-Schiff geräuchert und anschließend mit der eigenen Herzensenergie in einen nahe gelegenen Fluss, See oder Bach gesetzt.

Die Zeit der Rückschau,
des Verabschiedens
von Altem, des Dankens
für Erlebtes und
des Annehmens und
Erkennens

Die Raunachtszeit

Die 12 Raunächte sind Höhepunkt und Abschluss der Orakelzeit. Der Beginn der Raunächte kann von Region zu Region, von Ort zu Ort, von Familie zu Familie unterschiedlich sein. Es sind immer 12 Tage und Nächte. In der heutigen Zeit sind die Tage zwischen dem 25. Dezember und dem 6. Januar besonders geeignet, da viele Menschen frei haben, sich mit Angehörigen oder Freunden treffen und sich mehr zuhause aufhalten als sonst. Es ist eine sehr intensive und spannungsreiche Zeit, in positivem wie in negativem Sinn. Die Ritualgebinde aus der Vorweihnachtszeit sind inzwischen getrocknet und werden im Ritual als heilkräftige Räucherkräuter verbrannt. Sie wirken dadurch desinfizierend für Haus und Wohnung, da jetzt die Hochzeit für Erkältungskrankheiten ist. Auf der geistigen Ebene aktivieren sie unsere inneren Wachstumskräfte. Die 12 Raunächte, auch Rau(ch)nächte genannt, sind Hauptzeiten für Räucherrituale.

Es ist die Zeit der Rückschau, des Verabschiedens von Altem, des Dankens für Erlebtes und des Annehmens und Erkennens der eigenen, ursprünglichen Persönlichkeit.
Mit Unterstützung der verräucherten Pflanzen wird eine erhöhte Aufmerksamkeit für die eigenen Visionen geweckt, die Ausdruck in Träumen, Begegnungen und Erkenntnissen finden. Beim Räucherritual in dieser Zeit werden für die wohlwollende Unterstützung der Elemente Feuer, Wasser, Erde und Luft Gaben verteilt. Dem Wasser und Feuer opfern wir eine Prise Salz, der Erde Mehl oder Salz, die Luft wird mit Strohbündeln, die am Tür- oder Fensterstock angebunden werden, genährt. Bekräftigt werden die Gaben an die Elemente mit Fürbitten oder Sprüchen.

Salz und Mehl sind elementare Ernährungsgrundlagen und werden vielerorts zu unterschiedlichen Anlassen allgemein als Symbol für „grundlegende Lebensmittel" eingesetzt.

Salz

Salz

Die Kerzenweihe

Die Kerze ist sicher das ursprünglichste Symbol für bewusstes Handeln. Das Kerzenlicht steht auch für die Polarität, die das Feuer in sich trägt. Licht fördert das Wachstum, es hat jedoch auch eine zerstörerische und transformierende Kraft. Im Bewusstsein des im Wachstum inne wohnenden Spannungsfeldes weihten die Menschen eine oder mehrere sogenannte „Wetterkerzen". Diese geweihte und besprochene Kerze, die damit zur Ritualkerze ernannt wurde, gab entzündet in spannungsreichen Situationen Unterstützung und verlieh der Zeit, in der sie entzündet wurde, sichtbaren Ausdruck, womit die dazu gesprochenen Bitten und Gebete zum Himmel getragen wurden. Die Absicht, die hinter dem Entzünden der Kerze und dem Räuchern mit entsprechenden entspannenden Kräutern beim Aufzug eines Unwetters stand, war und ist, sich mit den universellen Naturgesetzen zu verbinden. Man gibt dem Höheren, dem Urvertrauen, Achtsamkeit und vervielfacht damit die Wirkung. Es ist ein Moment des Innehaltens und Spürens, der Bewusstsein schafft.

Manchmal habe ich bei dieser Handlung im Jahreslauf erlebt, dass Hagelkörner beispielsweise noch nach Tagen im nahe gelegenen Wald sichtbar und selbst im Unterholz die Blätter stark durchlöchert waren, während unsere Pflanzen auf den Verkaufsbeeten nur wenig beschädigt wurden. Die Räucherkräuter, die ich dabei einsetzte, waren aus den Ritualgebinden der Vergangenheit

Es ist ein Moment des Innehaltens und Spürens, der Bewusstsein schafft.

Keim Zeit

Die Idee materialisiert sich

Lichtmess

Das Samenkorn, das den Widrigkeiten des Winters bis jetzt getrotzt hat, bricht seine Schale nun das zweite Mal. Der Keim wächst dem Himmel entgegen. Licht, Temperatur, Nahrung unterstützen langsam das Wachstum nach oben und unten. In den Sträuchern und Gehölzen steigen ab jetzt die Säfte nach oben und nähren die Triebspitzen mit neuem Lebenssaft.

Lichtmeß erfährt die Weihung durch das sichtbar und spürbar geborene Licht. Im Brauchtum wurden Mägde und Knechte zu dieser Zeit ein- und ausgestellt. Aus Sicht dieser Menschen hatten sie über den Winter einen geschützten Raum und Platz und konnten so die ab Lichtmeß langsam wieder erwachende Wachstumzeit im neuen Umfeld mit ihren Talenten mitgestalten. Aus Sicht der Dienstherren hatten diese auch ihre Visionszeit für den neuen Wachstumszyklus genutzt, um ihre Ideen weiter zu entwickeln und Entscheidungen zu treffen.

Schösslings Zeit

Die Idee formt sich und wächst heran!

Frühlings- Tag- und Nachtgleiche

Das Samenkorn – die Idee – zeigt sich mit den ersten Keimblättern nun im jungfräulichen Gewand. In den Gehölzen steigen die nährenden Lebenssäfte nach oben zu den jungen Triebspitzen. Je nach Witterung entfalten sich die Blüten einiger Gehölze, die ersten im Jahreslauf. An warmen Tagen spenden sie bereits Nektar für die Bienen. Das erste heimische Gehölz das blüht, ist meist die Weide, gefolgt von der Haselnuss. In Übertragung aus dem christlichen Brauch des Palmwedels beim Einzug Jeus in Jerusalem, kommen bei uns analog dazu die blühenden Palmkätzchen zum Einsatz. Diese Palmkätzchen sind Hauptbestandteil des Palmbuschens.

Die ersten Blüten der (sehr vitaminreichen) Gewitterblümchen, ebenso wie Veilchen, Vergissmeinnicht oder Gänseblümchen werden seit jeher für Gebinde, die Fruchtbarkeit symbolisieren, verwendet. Die jetzt im Essen verarbeiteten frischen Kräuter unterstützen den menschlichen Organismus zur Entschlackung nach dem im Winter oft balaststoffreichen Essen und bringen ihm neue Kraft.

Walpurgis

Das Jahresrad hat sich gedreht und steht nun gegenüber von Allerheiligen. Die Walpurgisnacht rückt näher. Der Name ist zurückzuführen auf die germanisch, angelsächsische Maigöttin Walburg. Die Idee des gekeimten Samens kommt im vollen Kraut zum Ausdruck. Oft zeigt sich über Nacht das grüne Kleid der Birke. Beim Beobachten des schnellen Wachstums berauschen uns die Wunder der Natur. Farbe und Düfte überschlagen sich. „Heißa, Walpurgisnacht, jetzt kommen die wilden Weiber!" Es ist ein Jubelfest der Fruchtbarkeit, eine lustige Maiorgie, bei der wir um das Feuer tanzen, um die Wette fliegen und über Schatten springen. Wir lachen, singen und springen aus Spaß an der Freud'. Wir erfreuen uns am Bändertanz und holen bei den Bäumen Rat für unsere Herzensangelegenheiten. Diese Zustände stehen keinesfalls mit Drogen in Verbindung, wie man glauben könnte, sondern werden allein durch ekstatische Tänze und Gesänge erzielt.

Tanz in den Mai

Vielerorts finden im Mai auch große öffentliche Tanzveranstaltungen statt. Sie lassen sich auf alte Fruchtbarkeits- oder Balztänze zurückführen. Alles dreht sich um das Zusammenführen des Männlichen und des Weiblichen. Es ist die Zeit, wo sich Tag und Nacht, Sonne und Erde, das Männliche und das Weibliche vereinen. Es ist die Nacht der „Heiligen Hochzeit". Es ist auch der Übergang von der Dunkelheit ins volle Licht, von der Kälte in die Wärme und – auf das Lebensrad übertragen – von der Kindheit in die Pubertät. In der Geschichte des Matriarchats war es die Zeit, in der die weiße, jungfräuliche Göttin in die fruchtbare, rote Göttin überging.

Heilender heiliger Raum des Rituals

Raum und Zeit festlegen.

Schutzkreis erwecken mit Hilfe von Räucherwerk.

Kräfte der Himmelsrichtungen und unterstützende Elemente einladen und mit Symbolen, Farben und Kerzen kenn-zeichnen.

Die Mitte deutlich machen, evtl. das Feuer entzünden.

Die rituelle Handlung hat einen klaren Abschluss mit Dank und Räucherwerk.

Auflösen des Schutzkreises und Löschen der Kerzen.

Blüten Zeit

Die Idee kommt zur Blüte

Sonnwend'

Die Zeit der Sommersonnenwende ist die Zeit des längsten Tages und der kürzesten Nacht. Die Samen, die wir gesät haben, wachsen zur Blüte aus. Das gilt auch für unsere Pläne und Handlungen, die nun zur Blüte kommen. Sie enthalten dabei schon die Reife und das natürliche Ende, so wie das Licht die Finsternis enthält. Um diese Jahreszeit herum beginnt auch die Kräuterernte. Wir entzünden das Feuer, flechten den schützenden Sonnwendgürtel mit Beifuss und Bärlapp und wagen „den Sprung übers Feuer".

Schnitterfest, Frauendreißiger, Kräuterweihe

Ab August ist die Sonne oft heiß. Kraut und Blüten sind meist gereift und gebrochen. Auf den Feldern wird das Getreide gerade geerntet. Wir haben schwer gearbeitet, damit viele Dinge auch in uns zur Reife gelangen. Nur sind uns die Früchte unseres Schaffens noch nicht sicher. Noch feiern wir nur die Fülle des Sommers und des Lebens, erfreuen uns an den Blüten mit Farben und Düften und an den ersten Früchten, die wir schneiden und in einen Kräuterbuschen binden. Im „Frauendreißiger" der Zeit zwischen den Festen Mariä Himmelfahrt (15. August) und Mariä Namen (12. September) begrüßen wir die beginnende Erntezeit und bitten, dass stürmische Zeiten schadlos an uns vorübergehen. Wir übergeben unsere Sorgen dem reinigenden Feuer und danken für das Wachstum in uns und in der Natur.

Ernte Zeit

Die Idee zeigt sich
in ihrer Vollendung

Frucht Zeit

Die Idee trägt Früchte und vermehrt sich, dehnt sich aus!

Erntedank, Herbst- Tag- und Nachtgleiche

Wir danken für die reiche Ernte und bereiten uns für den Abschied von der Fülle vor. Im Bewusstsein, dass das von uns Geschaffene und Geerntete voll von allem ist, auch voll von möglichen widrigen Gefahren, ist die Herbst-Tagundnachtgleiche immer auch ein großes Dankesfest. Das Wachstum ist abgeschlossen. Die dunklen Tage nahen und unsere Ahnen stehen bereit, um das große Fest mit uns zu feiern. Sie haben uns den Weg des Wachsens gezeigt. Wir flechten Kornmännchen oder Kornkronen und geben Dankesopfer an die Natur. Wir werden uns bewusst, dass wir uns wieder der dunklen Zeit nähern.

Nicht zu viel und nicht zu wenig:

Drei Weidenkätzchen im Geldbeutel sorgen angeblich immer für ausreichenden Wohlstand. Drei Weidenkätzchen im Brunnen unterstützen ausreichend gutes Wasser. Drei Weidenkätzchen im Herdfeuer lassen es nie ausgehen und machen es nicht zur Gefahr. Drei Weidenkätzchen im Garten sorgen für genügend Wachstum und drei Weidenkätzchen am Fensterkreuz zähmen den Wind und sorgen für Bestäubung.

Frucht-barkeits-symbole

Der Palmbuschen

Der Palmbuschen ist wohl der bekannteste Fruchtbarkeitsstecken. In all seiner Symbolik wird er dem kommenden Wachstum gewidmet. Durch Weihung wird die Wirkung vervielfacht. Der weihende Rauch ist das Osterfeuer, an dem die letzten Reste des Wintergrüns verbrannt werden. Alle Teile des Palmbuschen finden in der kommenden Lebensphase und Jahreszeit in Haus und Hof Verwendung. Der Palmbuschen ist und war die Hausapotheke für die kommende Wachstums- und Fruchtbarkeitsphase. Die Pflanze (Weide) enthält den aus Aspirin-Tabletten bekannten Inhaltsstoff Salizylsäure, der gut bei Erkältungskrankheiten und Kopfschmerzen ist. So wurde früher bei den ersten Anzeichen einer Grippe Tee aus Weidenrinde getrunken oder die Weidenkätzchen gekaut.

Die wirkungsvollen Blüten der Weide werden noch von Buchs, Schneeheide, Eichenzweigen (oft noch mit herbstlichem Laubbehang), weißen oder gefärbten Eiern, einem Symbolgebäck wie Breze, Osterlamm, Sonnenrad, Hasen, Kreuz aus Holunderholz sowie schwarzen, roten und weißen Bändern unterstützt. Die Fruchtbarkeitssymbolik lässt sich auf natürliche Analogien zurückführen: Der Haselrute wird Blitzabweisung nachgesagt, der Buchs ist die bekannteste, schutzmagische Pflanze und findet heute noch große Wertschätzung, auch wenn viele um die Wirkung nicht mehr wissen. Die Früchte der Eiche sind sehr nährreich und spenden Kraft.

In all seiner Symbolik wird er dem kommenden Wachstum gewidmet

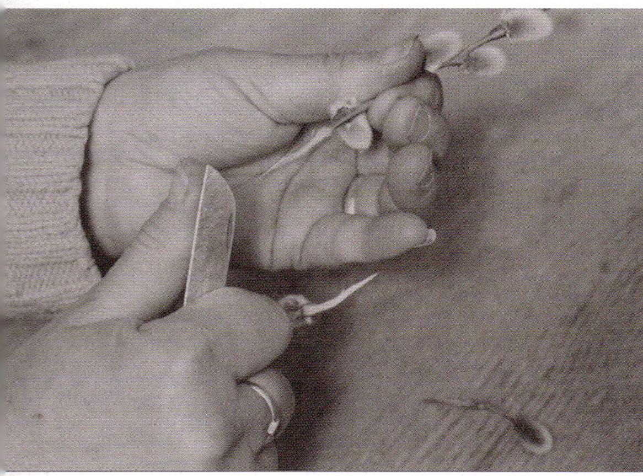

Hexe oder Teufel kommen am Buchs nicht vorbei, weil sie dem Zählzwang verfallen. Sie werden mit dem zählen der vielen grünen Blätter nicht fertig.
Der Buchs schützt also sozusagen vor dem Bösen.

In Griechenland, so erzählte uns eine Kundin, wird sich die gleiche Geschichte zum kleinblättrigen griechischen Buschbasilikum erzählt.

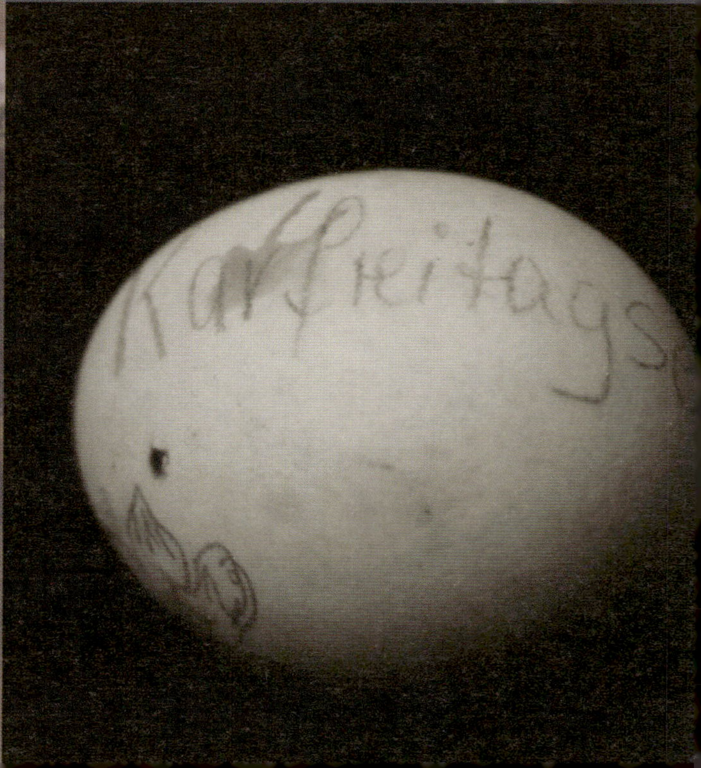
Karfreitags

Das Karfreitagsei

Die Karfreitagseier werden nicht gegessen, sondern dienen dem Schutz- und Fruchtbarkeitszauber. In früheren Zeiten wurden sie beim Hausbau in die Grundmauern eingemauert. sie wurden am Dachboden mit Hasel und anderen schutzmagischen Gegenständen um Blitzableiter festgebunden. Wo auch immer erhöhter Schutz gebraucht wird, werden Teile oder das ganze Ei verwendet. Bei uns ist das Karfreitagsei treuer Begleiter im Auto. Ein Jahr bis zum nächsten Karfreitag. Allen Befürchtungen zum Trotz stinkt es nicht, es trocknet langsam ein.

Gebildebrote oder Symbolgebäck

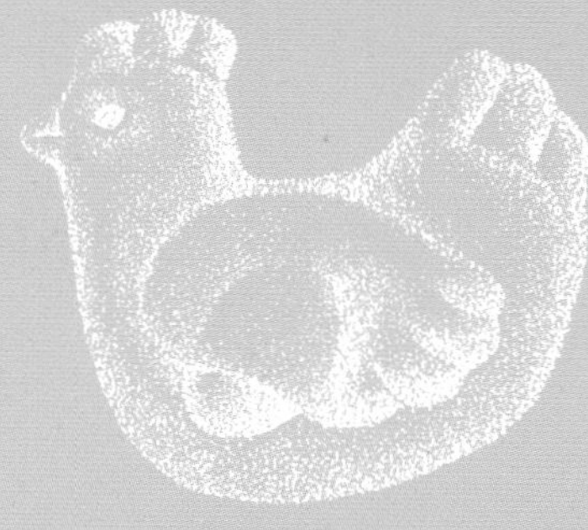

Als Sonnenrad, als Hasen- oder Lammform finden viele Gebäckformen ihre Anwendung. Es sind Figuren, die Wachstum und Fruchtbarkeit symbolisieren. Schafe und Hasen machen im Frühling den ersten Wurf. Lämmer sind in vielen Kulturen auch Opfertiere und deshalb auch eine beliebte Osterspeise über den ganzen Erdball. Als geweihte Brotform werden sie an Ostern den Haustieren gefüttert oder sind Teil des Osterfrühstücks. Das üppige Frühstück zu Ostern symbolisiert auch, dass der Winter vorbei ist und die Natur wieder Fülle und Überfluss liefern wird.

Neunkräutersuppe

Nach der langen Winterzeit mit ballaststoffreichem Essen kommt mit dem Winteraustreiben die Fastenzeit, die Fasnacht. Das Fasten wird mit einer „Gründonnerstagsuppe“ gebrochen. Sie ist leicht verdaulich und enthält viele Vitamine und Mineralstoffe. Mancherorts werden die neun Kräuter auf das Kerbelkraut reduziert. Die Frankfurter grüne Soße, vorwiegend mit Eiern gegessen, ist sicher ein regionaler Brauch, der an diese Tradition erinnert. In der Neunkräutersuppe ist mit Gewitterblümchen dazu junge Löwenzahnblätter, Gänsekresse, Sauerampfer, Veilchen, Vergissmeinnicht, Gänseblümchen, Brunnenkresse oder Spitzwegerich das meiste enthalten, was die Natur zu dieser Zeit hergibt. Auch junge Birkentriebe und Buchenknospen können hier eine interessante Geschmackskomponente sein. Die ganze Buntheit dieser Jahreszeit findet jetzt Einzug in den Kochtopf, was Feststellungen wie „Ach, du grüne Neune, das bringt Schwung in den wintermüden Körper“ unterstreichen.

Blüten- und Kopfkränze

Diese Gebinde eigenen sich für das ausgelassene Tanzfest, das draußen stattfinden kann. In Anlehnung an die Baumverehrung als Zeitzeugen binden oder winden wir uns Kopfkränze. Sie können üppig sein und beim Tragen das dritte Auge zum Schutz verdecken. Birken, Weiden, Hasel sind je nach Region sicher die typischen Basishölzer. Wichtig ist, dass man nur das nimmt, was der Ort, an dem man lebt, anbietet.

Hexenbesen zur Nacht der heiligen Hochzeit

Form und Größe des Hexenbesens, der zu diesem Anlass gebunden wird, sind unwesentlich – wichtiger sind die Holzarten: Es sollten neunerlei gebrochene Zweige sein, die man um ein starkes Stielholz bindet. Man kann sich beim Binden und Brechen von den Düften des frischen Holzes inspirieren lassen. Die Bindestelle umwindet man mit bunten Bändern. Diese können beim Tanz ein buntes Flechtwerk werden. Das Flechtwerk ist auch Symbol des Netzwerkes in dem man lebt. Die Idee des Bändertanzes kann natürlich auch um einen gemeinsam gebundenen Besen stattfinden. Mit bekränztem Haupt sucht man Zweige für den Besen. Mit den Borsten nach oben steckt man ihn in die Erde und befestigt an der Bindestelle so viele farbige Bänder, wie die Tänzerinnen es wollen. Außen, innen, oben und unten – spielerisch bewegen die „Walpurgen" nun die Bänder um

das Holz herum. Ein Lied, Rasseln oder andere Instrumente unterstützen die ausgelassene Gesellschaft. Die Tanzenergie wird mit frischen Speisen und Maibowle ergänzt. Hinterher kann der „Maibaumbesen" an einem festen Ritualplatz bleiben oder abgeschnittene Verflechtungen als Talisman dienen. Bei passender Gelegenheit könnte dieser Besen auch wieder verbrannt werden.

Was ist in unserem Leben zur Blüte gewachsen?

Welche Stärken und Talente gilt es zu schützen, zu verwahren und weiter zu entwickeln?

Der Johannikranz oder Sonnwendgürtel eröffnet einen geschützten Raum für uns. Verbindet euch mit eurem momentanen Ist-Zustand. Lasst euch finden von euren Kraft spendenden Pflanzen. Das können sieben oder neun verschiedene sein.

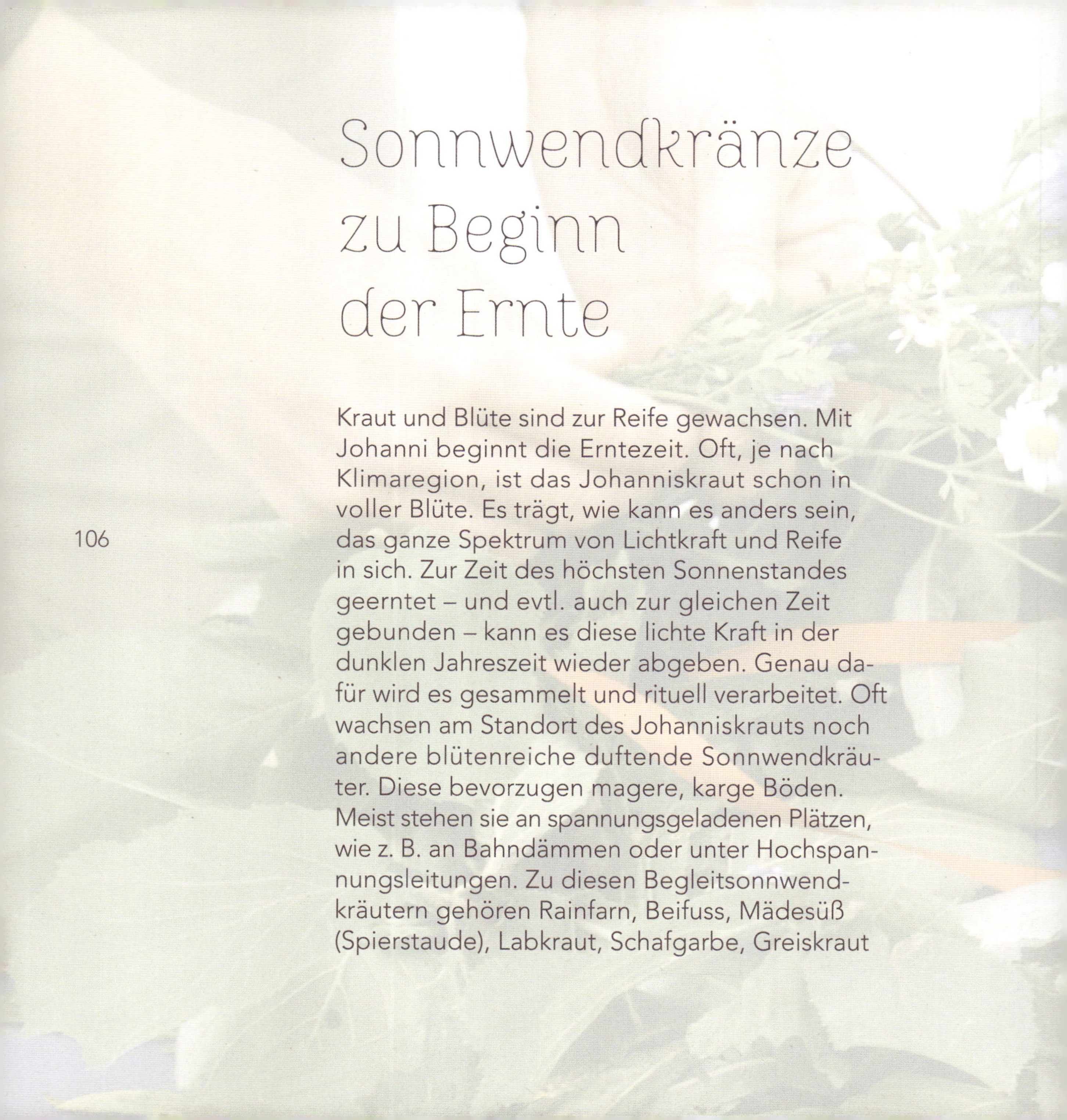

Sonnwendkränze zu Beginn der Ernte

Kraut und Blüte sind zur Reife gewachsen. Mit Johanni beginnt die Erntezeit. Oft, je nach Klimaregion, ist das Johanniskraut schon in voller Blüte. Es trägt, wie kann es anders sein, das ganze Spektrum von Lichtkraft und Reife in sich. Zur Zeit des höchsten Sonnenstandes geerntet – und evtl. auch zur gleichen Zeit gebunden – kann es diese lichte Kraft in der dunklen Jahreszeit wieder abgeben. Genau dafür wird es gesammelt und rituell verarbeitet. Oft wachsen am Standort des Johanniskrauts noch andere blütenreiche duftende Sonnwendkräuter. Diese bevorzugen magere, karge Böden. Meist stehen sie an spannungsgeladenen Plätzen, wie z. B. an Bahndämmen oder unter Hochspannungsleitungen. Zu diesen Begleitsonnwendkräutern gehören Rainfarn, Beifuss, Mädesüß (Spierstaude), Labkraut, Schafgarbe, Greiskraut und Goldrute. All ihre Eigenschaften, Stärken und Qualitäten werden im Ritualgebinde vereint, durch die Weihung vervielfacht, und kommen bei der Verwendung im dunklen Halbjahr zum tragen. Ein Ring aus einer Weidenrute kann die Basis für das Gebinde sein. Zum Binden eignen sich Hanfschnur oder stabile rote, weiße oder schwarze Wolle. Jetzt werden sieben oder neun verschiedene, Kraft spendende Sonnwendkräuter in ca. handlange Zweige gebrochen. Entsprechend der Üppigkeit des Erntesegens bindet man die Zweige nach Belieben dick oder dünn, bunt gemischt oder sortiert auf den Reifen (vorher Ritualregeln festlegen). Die Wirkung vervielfacht sich durch die Weihung über dem Rauch des Sonnwendfeuers. Je nach Größe des Feuers kann man mit dem Kranz auf dem Kopf oder um die Hüften getragen übers Feuer springen oder den Kranz/Gürtel einfach dreimal durch den Rauch schwenken. Ein persönliches Anliegen, für das der Kranz gebunden wurde, kann laut in den Kreis geben werden. So können unsere Wünsche und Bitten vom Kreis mitgetragen und gestärkt werden. Der Kranz wird später an einem kraftvollen Ort im Haus oder auf dem Hausaltar aufbewahrt und findet seine Verwendung in der langen dunklen Winterszeit.

Regeln für die rituelle Ernte

Sich der Absicht bewusst sein
und sie formulieren:
„Ich < *Name* > komme jetzt
und gehe den Weg mit erhöhter
Achtsamkeit".

Die gerufenen und gefundenen
Pflanzen um Ernteerlaubnis fragen.

Die Pflanzen brechen oder
abbeißen.

Die größte oder schönste Frucht
oder Blüte als Dank stehen oder
hängen lassen.

Ein Opfer (Haar, Speichel, Träne)
als Dank lassen.

Den rituellen Raum und die Zeit
offiziell beschließen, bevor man
zum geselligen Teil übergeht.

110

Lasst euch rufen
von den für euch
bestimmten
Kräutern und
Pflanzen.

Der Kräuterbuschen

Der Kräuterbuschen war und ist im ländlichen einfachen Sinne die Apotheke für den Winter. Er wird an einem kraftvollen Ort im Haus (z. B. am Hausaltar) aufbewahrt. Die geweihten Kräuter im Buschen finden ihre Anwendung im Tee, in Salben, Bädern oder Waschungen und in Tinkturen. Nicht zuletzt werden sie auch zum Räuchern verwendet und bei auftretenden Schwächungen oder Krankheiten in der Familie und im Stall eingesetzt. Wird der Buschen nicht verbraucht, kann er im Osterfeuer den Flammen übergeben werden, denn ab diesem Zeitpunkt wachsen bereits wieder frische kraftvolle Pflanzen.

Ich empfehle die Ernte und das Binden ab dem Sonnenaufgang zu machen. Wer zu mehreren unterwegs sein möchte, kann sich am Abend davor treffen, um sich über die jeweiligen Erntepläne auszutauschen. Man richtet die Hilfsmittel her, die man zum Binden braucht, damit das Treffen mit den kraftvollen

Frauenkräutern möglichst in der Stille stattfinden kann. Wer die Kräuter nicht brechen möchte, braucht eine Schere oder ein Keramikmesser. Lasst euch rufen von den für euch bestimmten Kräutern und Pflanzen. Im klassischen Kräuterbuschen sind sieben oder neun verschiedene Kräuter für die Schönheit, die Fruchtbarkeit, die Ernährung, die Magie und die Heilung. Auch wenn die Pflanzen auf eurem Weg unbekannt sind, kann man sie trotzdem ernten. Macht Bekanntschaft mit ihnen und forscht hinterher nach Name und Wirkung. Nehmt sie mit auf eure Reise.

Die äußere Form des Kräuterbuschens ist oft im Familienverbund festgeschrieben, sie ist jedoch für die Wirkung nicht ausschlaggebend. Die Buschen, wie auch die vorhergehenden Ritualgebinde, werden über dem Feuer geweiht, um die Wirkung zu vervielfachen.

Wenn ihr die Möglichkeit des gemeinsamen Schnittes habt, dann nutzt ihn. Wenn ihr Sicheln habt, dann nehmt sie. Wenn das alles nicht ist, dann trefft euch mit mitgebrachtem Getreide irgendwo im Freien. Eröffnet den heiligen Raum. Geht in die Stille. Werdet euch über eure persönliche Ernte und die Endlichkeit klar und fangt dann an, in dieser Energie die Strohpuppe zu binden. Legt ein Kreuz aus den Ähren und bindet die Halme im Brustbereich mit einem roten, schwarzen und weißen Wollfaden zusammen. Die Enden des Fadens könnt ihr noch zum Zopf flechten.

Diese Strohpuppen wurden klassischerweise an Türen oder Fensterkreuzen aufgehängt und mit Bannsprüchen belegt. Sie dienten der Nahrung für den Wind, der nützlich wie auch schädlich sein kann. Die Geste des „in den Wind Hängens" kann auch am Lieblingsbaum stattfinden. Letztendlich geht es um die Verbindung zu dem Element Luft, das einem wohl gesonnen bleiben soll.

Korn-
männchen

Die Ritualgebinde der Kornmännchen sind wohl die symbolträchtigsten Gebilde – in der Natur wie auch in der religiösen und weltlichen Kunst. Sie stehen für Nahrung, Fülle und Reichtum auf allen Ebenen. Über die goldenen Ähren verbinden wir uns mit dem Prozess von Werden und Vergehen.

Sollte kein Kornfeld in der Nähe sein, so ist durchaus auch gekauftes Korn brauchbar. Die Halme sind leicht zu verarbeiten, wenn sie vorher etwa eine Stunde eingeweicht werden. Rituell gebundene Strohpuppen, Strohsterne, Kränze und Kronen sind in vielen Gegenden feste Bräuche und haben verschiedene Aussagen. Sie sind in der dunklen Jahreszeit sehr verbreitet und immer mit Dank und der geistigen Welt verbunden.

An Fasching werden z.B. im Alpenraum Strohpuppen zum Winteraustreiben verbrannt oder sie tanzen als Schellenmännchen durch die Orte und kämpfen so zu sagen mit den Widrigkeiten der Winterzeit. Zum Erntedank werden häufig Strohpuppen oder Erntekronen aus Ähren gebunden.

Frucht-
teppich

Wir sammeln Früchte aus dem Garten, in der Natur oder kaufen sie. Das Thema dieser Zeit ist der Dank und das Teilen unserer Fülle. Der Fruchtteppich soll ein Gemeinschaftswerk sein. Bereits bei der Ernte sollten wir uns über die Fülle und den Reichtum bewusst werden, in dem wir leben. Es folgt das Finden im heiligen Raum, in der heiligen Zeit und an einem dafür kreierten heiligen Platz in der Natur – die mitgebrachte Fruchtfülle wird zu einem Fruchtteppich ausgelegt. Man segnet ihn mit wohlwollenden Worten, Sprüchen und Gedanken. Dieses Bild wird unser Leben auch in der dunklen Jahreszeit bereichern. Ein Tanz um den Teppich oder ein Lied stärken dieses Ritual. Der Teppich der Fülle bleibt als Gabe für die Tiere liegen. Er ist ebenfalls Ausdruck des Dankes. (Bei der Auswahl der Gemüse und Früchte darauf achten, dass sie heimisch sind. Eine Mango z. B. wird vermutlich nur faulen und entspricht nicht dem Grundgedanken der dahinter steht.)

Das Pflanzen-rad

ein heimisches Medizinrad

Ich

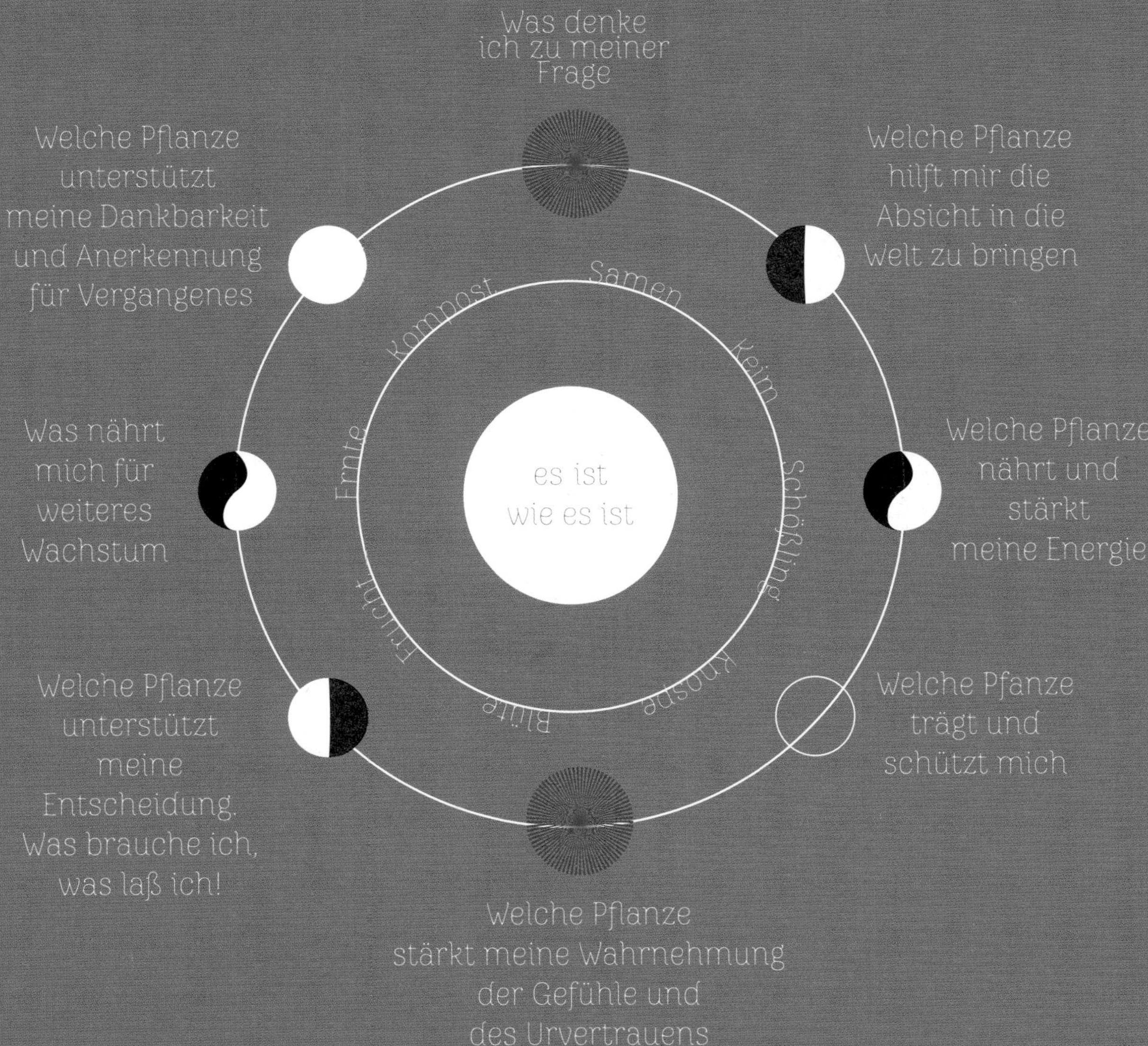
Was denke
ich zu meiner
Frage
Welche Pflanze
hilft mir die
Absicht in die
Welt zu bringen
Welche Pflanze
nährt und
stärkt
meine Energie
Welche Pfanze
trägt und
schützt mich
Welche Pflanze
stärkt meine Wahrnehmung
der Gefühle und
des Urvertrauens
Welche Pflanze
unterstützt
meine
Entscheidung.
Was brauche ich,
was laß ich!
Was nährt
mich für
weiteres
Wachstum
Welche Pflanze
unterstützt
meine Dankbarkeit
und Anerkennung
für Vergangenes
Samen
Keim
Schößling
Knospe
Blüte
Frucht
Ernte
Kompost
es ist
wie es ist

Danksagung

Mein besonderer Dank gilt meiner Großmutter, die das Pflanzenbewußtsein, meine Liebe und das Interesse für den Gartenbau und die Zyklen der Natur geweckt und geprägt hat. Ebenso gilt mein Dank dem Ort der Blumenschule Schongau für die Wandlungskraft für Mensch und Natur und die vielen Begegnungen, die an diesem besonderen Ort stattfinden.

Mein Dank gilt Inge Schuster, die mit ihrer Schöpfungskraft meine Gedanken so wunderbar in Wort und Stil umsetzen konnte. Meinem Ehemann, Rainer Engler gilt ebenfalls mein Dank, da er mein Werk immer mit Wort und Tat sowie mit seiner Kamera unterstützt hat. Ganz herzlich bedanke ich mich bei meiner Freundin und Weggefährtin Marlis Bader, mit der ich viele Rituale gestaltet und erlebt habe. Unsere Freundinnenzeit ist von Wachstum und Fruchtbarkeit geprägt. Bedanken möchte ich mich auch bei der Fotografin Constanze Will vom Wörthsee für die wunderbaren Bilder, die dieses Buch sehr bereichern. Abschließend bedanke ich mich bei meinen Freundinnen, mit denen ich seit vielen Jahren die Jahreskreisfeste feiere und meinen Kursteilnehmerinnen, die mich immer wieder motiviert und ermutigt haben, dieses Buch zu schreiben. Ruth Höflich hat mit ihrem künstlerischen Blick und gestalterischem Talent diesem Buch Kraft und Ausdruck verliehen

Impressum

1. Auflage

Blumenschule.de
ISBN: 978-3-89539-927-5

Text: Sabine Friesch
Lektorat: Birgit Chlupacek
Layout: Ruth Höflich
Bilder: Constance Wild, Rainer Engler, Blumenschule

Druck: Multiprint GmbH
Kostinbrod 2230, Slavianska Str. 10 A
Bulgarien

Michaels Verlag & Vertrieb GmbH
Ammergauer Str.80, 86971 Peiting
michaelsverlag.de

Heimisches Räucherwerk
Rezepturen nach Marlis Bader
• Räucherzubehör
Räucherfedern, Räucherkoffer
• Ritualanleitung
• Räucherpflanzen aus biologischem Anbau
• Seminare und Vorträge
Marlis Bader
Expertin für abendländische Räucherkunde
Bestelladresse:
Blumenschule
Hüter von altem Pflanzenwissen
Augsburger Straße 62 • 86956 Schongau
Tel. 08861 / 7373 • Fax 08861 / 1272
www.blumenschule.de
mail: info@blumenschule.de
Naturland
Demonstrationsbetriebe Ökologischer Landbau
Bundesprogramm Ökologischer Landbau